AUX ANGLAIS.

AUX ANGLAIS,

FRAGMENT D'UN OUVRAGE

SUR LA SITUATION POLITIQUE

DE L'EUROPE.

IPSI sibi reges imposuere, qui fugas civium, urbium eversiones, fratrum, conjugum, parentum neces, alia que solita regibus ausi, superstitionem fovebant, quia honor sacerdotii firmamentum potentiæ assumebatur. TACIT. Hist. Lib. V.

Eux-mêmes ils s'imposèrent des rois, qui dispersant les citoyns, renversant les cités, massaciant les frères, les époux, les parens, osant enfin tout ce qu'osent les rois, échauffaient la superstition, parce qu'il pensaient qu'honorer le Sacerdoce, c'était affermir la puissance.

A PARIS,

Imp. d'Emm. BROSSELARD, rue André-des-Arts, n°. 73.

An VI (1798).

AVERTISSEMENT

DE L'ÉDITEUR.

LE morceau que l'on va lire est extrait d'un manuscrit intitulé : Discours sur la situation politique de l'Europe. *L'Auteur en est connu. Plusieurs articles de cet ouvrage ont été lus au Lycée républicain ou dans des sociétés particulières. Pourquoi n'est-il pas imprimé depuis cinq ans? Cette question lui a été renouvellée cent fois et cent fois il a répondu : que si les événemens ne dénaturaient point la vérité en elle-même, leur mobilité influait au moins sur l'utilité d'un écrit, que nos traités successifs lui imposaient des convenances auxquelles il ne voulait pas s'assujétir, que l'état de guerre ou de paix ne changeait rien aux droits des peuples et aux principes de la souveraineté véritable, que d'ailleurs son ouvrage, écrit avec toute la chaleur de la liberté, ne présentant que des résultats, il ne pouvait en altérer le fonds ni les couleurs au gré des circonstances.*

Quelques amis ont ajouté à ces ré-
flexions : que la publicité de l'ouvrage at-
tirerait une foule d'ennemis à son auteur,
que la plupart des gouvernemens seraient
d'autant plus irrités qu'ils paraîtraient
mieux connus, que toutes les ames froides,
tous les cœurs ulcérés , tous les esprits
qui ne jugent les principes de la liberté
que par les affreuses conséquences qu'en
ont tirées des scélérats, tous les hommes
enfin qu'il allait offenser , insulteraient
son courage et calomnieraient son ca-
ractère.

Ce ne sont point ces dernières réflexions
qui ont arrêté l'impression de cet écrit.
Le Cit. L***, emprisonné en 1793,
appellé à la mort par des hommes vrai-
ment coupables qui ont été punis sur
l'échafaud, plaidait dans les fers la cause
de la liberté. Il terminait cet ouvrage au
moment même où l'on préparait son sup-
plice. Voici ce que nous copions dans sa
préface.

« Ici je dois refuter un reproche qui serait un éloge aux yeux de la justice et de
l'honneur et qui dût mériter la mort aux
yeux des assassins. J'étais appellé à l'un des
ministères par ce que l'on disait alors l'opi-

nion publique, qui n'est souvent que le désir
connu de quelques amis accrédités. Mes
sentimens n'étaient pas équivoques et cependant on voulait les diriger ; pour éviter
tout traité verbal, je fis un mémoire au
roi. La fermeté de mes principes, la sé-
vérité de mes conseils m'eurent bientôt
disgracié. Je ne fus point ministre ; mon
mémoire est imprimé.

» Louis partit roi pour Varennes et re-
vint prisonnier à Paris. La garde de son
fils me fut confiée. Cet enfant était alors
un dépôt. J'apportai dans ce service la dé-
cence et la rigidité qu'il exigeait. Lorsque
l'on persistait à maintenir la monarchie,
ou plutôt, et pour être plus vrai, lorsqu'on
tolérait la récréance effective d'une monarchie nouvelle, il fallait bien se résigner à
cette condition devenue plus difficile. Les
prisonniers des Thuilleries se rappellèrent
mon mémoire et des prédictions si promp-
tement réalisées ; on affecta de désirer mon
avis. Soumission à la volonté du peuple,
fidélité à de nouveaux sermens, choix des
vrais patriotes à toutes les places, oubli du
passé, franchise et loyauté pour l'avenir ;
voilà le précis exact d'une note que la
commission des douze a rendue publique

avec d'autres écrits après la mort du roi.
Les patriotes les plus exaltés regardaient
cette note comme un brevet de garantie.
Les bourreaux régnans m'ont enfermé neuf
mois dans leurs cachots. J'avais, disaient-
ils, donné des conseils propres à prolonger
la monarchie....... Les lâches ! ils pronon-
çaient l'arrêt des deux corps législatifs, de
tous les tribunaux, des fédérés de 1790,
de tous les français assermentés ! ils pro-
nonçaient contre eux-mêmes. Et en effet
ils s'égorgeaient respectivement lorsque l'é-
goïsme de la crainte et l'exécration générale ont fait de la justice une nécessité.

, » Comme je ne veux paraître hypocrite
en aucun sens, j'avouerai qu'à cette époque
un gouvernement provisoire me parut
indispensable. Je pensais que la justice,
indulgente dans le calme, devait être sé-
vère dans le désordre ; que l'effroi du coupable était le repos du juste, que l'homme
faible trouverait même dans la menace de
la loi un défenseur contre la séduction
et par conséquent un bienfait. Qui pouvait
penser alors que l'on associât jamais l'idée
du crime et du larcin aux mesures de la liberté ? Hélas sous les voûtes de mon cachot
je pardonnais à ma propre destinée, je

m'aveuglais sur l'injustice. Peut-être au fond du cœur ai-je soupçonné des innocens, des malheureux enchaînés auprès de moi. Oh! combien ils ont été vengés! quel supplice infernal m'a déchiré pendant deux mois! à quelques toises de mes murailles fut établi l'échafaud, (*faubourg Antoine*). Plus de deux mille fois le couteau fatal a pu frapper mes yeux, a poursuivi mon oreille par le cri sourd et tremblotant de sa chûte. L'espace du jardin qui m'était accordé fut rétréci par des milliers d'ossemens dont quelques planches mal assorties me séparaient. C'est bien alors que la liberté des bourreaux me parut si méprisable, cette vie cadavéreuse était si dégoûtante que mes propres mains creusèrent avec avidité la terre qui devait aussi m'engloutir!!! On ne peut oublier tant d'outrages, mais on peut les pardonner. Et telle est la différence entre les hommes qui n'ont fait la révolution que pour la liberté et ceux qui voudraient adjuger l'une et l'autre à leur profit.

Il est bien évident qu'un homme aussi pénétré des vrais principes ne se soumet pas à des considérations personnelles : porté à la reconnaissance, même pour la justice qu'on lui rend, il retrouve dans sa conscience la justice qu'on lui refuse, et c'est ainsi qu'un véritable ami des hommes sait allier à la passion la plus forte pour la liberté, le respect imperturbable de la morale et le dévouement à la raison.

INTRODUCTION.

LA politique est-elle l'art de rendre les peuples plus heureux? Est-elle l'art de rendre les monarques plus puissans? Qu'est-ce que la puissance des rois? Qu'est-ce que le bonheur des peuples? Que signifie le mot gouvernement? Le despotisme seul interrogeait, l'esclavage seul répondait à ces questions. Le tems est venu où la liberté doit les résoudre.

La liberté a donc aussi sa politique? Oui, sans doute, puisqu'elle a ses ennemis. Déjà l'observateur a pu voir, à la lueur de la foudre, la direction et les effets de la tempête : déjà il a du se convaincre que si des français avaient su mourir pour la liberté, la liberté ne mourrait jamais dans la France. La terre qui nous porte, l'air que nous respirons, électrisés par elle sont affranchis pour toujours. Nos armes le prouvent aux ennemis et nous avons la paix :

nos principes le prouveront aux peuples et nous aurons des amis. Terreur aux uns, confiance aux autres : telles sont désormais les bases de nos traités républicains.

Mais quelle sera notre influence sur la destinée de l'Europe, sur le bonheur des hommes? Ce grand objet de la méditation philantropique est subordonné à tant de circonstances, à des intérêts si compliqués, aux nuances si variées du caractère des nations comparées entre elles, sous les rapports de leurs climats, de leurs lumières et de leurs mœurs qu'il serait difficile de fixer, avec quelque précision dans ses dégrés, le thermomètre de la liberté générale.

Cette discussion n'est point l'objet de cet ouvrage. Elle demanderait une étude et des momens plus tranquilles et l'histoire peut-être marchera plus rapidement que l'observation des philosophes; mais du moins, pourrons - nous, en présentant des réflexions sur la situation de l'Europe, donner quelques facilités pour classer les opinions partielles. Nous aurons si souvent à reproduire la politique des cours que nous ne pouvons épuiser tous les détails dans chacun des articles qui les concernent. Ils doivent se servir de supplément entre eux et la pensée du lecteur restituera beaucoup d'idées ; beaucoup de faits intermédiaires pour apprécier les résultats. Ce n'est enfin ni la généalogie des peuples, ni leur constitution intérieure, ni même leur économie politique que nous offrons en ce moment. Véritable ami de la véritable liberté, dévoué par sentiment et par besoin à la cause de l'humanité, nous voulons seulement faire comparaître toutes les nations devant la France et montrer la France aux nations : nous leur dirons ce qu'elles sont et nous leur prouverons ce que nous sommes. Leur avouer nos fautes, c'est leur démontrer nos ressources ; leur raconter nos erreurs, c'est leur apprendre à les éviter, et c'est ainsi que la liberté d'être vrai assure au genre humain toutes les autres facultés d'être libre.

L'Europe au moment de notre révo-

lution était dans son état habituel d'op=
pression et d'intrigues. Toutes les nations esclaves ont une même phisionomie.
Des rois guerriers par orgueil, ou pa-
cifiques par impuissance, des peuples
crédules lorsqu'ils sont ignorans, soldats
lorsqu'ils sont misérables, des talens
civils que le despotisme étouffe, des
talens militaires qu'il convertit en fléaux,
des jours de bonheur dus au hazard,
des siècles de calamités dus aux gouvernemens : tel est le spectacle éternel de
l'organisation politique. Ce tableau mo-
notone n'est varié que par le nombre
et le costume des malheureux qui le
composent.

En 1788, *la France*, sans armées,
sans finances et sans crédit, ne devait
sa tranquillité léthargique qu'au mépris
autant qu'à l'épuisement de ses amis
et de ses ennemis naturels.

L'Angleterre avait conquis un traité
de commerce avec nous et cette guerre
invisible la dispensait des frais d'une
autre guerre.

Les Etats de l'Empire divisés en

deux partis, mais fidèles à leurs préjugés diplomatiques cherchaient à mettre deux rivaux en équilibre et s'arrangeaient dans les plateaux de la balance.

L'Autriche comptait les soldats de la Prusse diminués chaque jour comme le trésor posthume de Frédéric; et cependant le traité de Versailles, en licentiant les troupes autrichiennes sur les frontières limitrophes des nôtres, les envoyait combattre les Turcs, nos vieux amis et s'approprier la Pologne.

La Prusse, de son côté, avait fait, sans aucun danger, parade de sa considération militaire en Hollande. Ces mêmes huissiers-soldats qui avaient saisi réellement la Pologne, montaient la garde à la Commune d'Amsterdam pour soutenir un Stathouder révolté contre ses concitoyens patriotes.

Ainsi *la Hollande*, obéissant à la politique de Georges comme à l'armée de Guillaume, était infidèle à la France, payait d'une main la perfidie de l'Angleterre et de l'autre la tyrannie de la

Prusse. A quoi servent donc les trésors amassés par le commerce ?

Les Russes, vainqueurs sans être conquérans, ne conduisaient pas Catherine en triomphe à Constantinople et n'acquittaient pas ses espérances. Leurs finances ne suffisaient plus à leurs armées, et les *Ottomans* conservent encore toute la superstition de leur courage.

L'Italie tracassée par les deux ménages d'Autriche et de Bourbon s'endormait dans des fêtes nuptiales ou balbutiait des cantiques. Elle ne regrettait pas assez la liberté pour l'espérer : les hommes qui l'invoquaient dans le silence avaient besoin de notre exemple et de nos armes.

Tous les autres états étaient muets, à quelques menaces près que *l'Espagne* et *l'Angleterre* s'étaient réciproquement pardonnées, et quelques évolutions sanglantes entre les Russes et les Suédois dans la Baltique.

La France a voulu être libre, et voilà que depuis les glaces de la Neva jusqu'au ruisseau du Mançanaréz le canon d'allarme d'allarme a retenti. Tous les pouvoirs sont ébranlés : toutes les relations sont confondues : toutes les passions sont armées, toutes accourent dans un foyer commun. Séparés de l'univers nous sommes restés seuls, seuls avec la liberté. Passons en revue tous ces peuples, indifférens ou ennemis : nous connaîtrons bientôt leur avenir et le nôtre. Chacun d'eux pourra peut-être marquer aussi sa place, faire valoir ses prétentions au bonheur et recommencer son histoire.

CORPS

DE

L'EMPIRE GERMANIQUE.

P<small>ARLER</small> tout ensemble du droit public de l'Allemagne et de la constitution germanique, ce serait sans doute confondre le systéme de la législation commune et celui du gouvernement fœdératif; mais ne serait-ce pas aussi leur rendre justice à tous les deux ? Ne serait-ce pas parler le langage obscur et bizarre de ces publicistes Germains que l'on estimait sur parole, que l'on citait sans les lire, que l'on expliquait sans les entendre et dont la gravité devient aujourd'hui si risible? Quelle profondeur en effet dans ce vuide féodal où la raison ne trouve pas une institution qui ne l'outrage, où l'homme n'est compté que pour un instrument

mécanique que le souffle du pouvoir
fait travailler dans tous les sens !

Le droit public de l'Allemagne aura
été long-tems célèbre dans l'histoire de
la servitude. Là, on se croyait savant
lorsqu'on étudiait l'organisation du despotisme, les généalogies de l'orgueil,
les pactes de la duplicité, les abus de
la force ; enfin, tout ce qu'ils appel-
laient des droits, excepté les droits de
l'homme. Elle n'existe plus pour nous
cette langue usurpatrice dont tous les
mots créés par des Tyrans, n'étaient
interprétés qu'à des esclaves.

Nous connaissons son origine, ou plutôt nous ne pouvons la bien connaître
cette fourmillière de souverainetés, en-
levées successivement à la misère comme
à la crédulité des peuples après la mort
de Charlemagne ; mais nous nous rap-
pellons cette longue succession de pouvoirs absolus et dynastiques qui, après
s'être heurtés comme les élémens pri-
mitifs, se sont combinés par lassitude
et ont enfin composé la constitution
germanique. Tout fut prévu pour le

pouvoir ; rien ne fut commencé pour le bonheur. La dénomination même des lois n'est souvent qu'une dérision insultante.

Là, est prescrite la forme d'élection qui remet un sceptre suzerain entre les mains d'un chef, sans l'aveu, contre l'aveu des peuples, et cette bulle est appellée *d'or*, comme si la valeur ou la pureté du métal était le simbole de l'association ou de son chef.

Ici, la morale universelle est paralisée par cette loi nommée paix de religion, qui dicte des ordres à la croyance et ne reconnaît pour citoyens que les sectaires de deux opinions évangéliques, et l'on se déclarait alors et tolérant et philosophe !

On avait désigné par le mot manuaire, le droit de tremper ses mains dans le sang de ses voisins, de ravager leurs terres, d'incendier leur asyle et de se perpétuer dans cette affreux privilège. On qualifia de paix publique le réglement qui modifiait ce brigandage, comme si c'était encore par pitié qu'on accor-

dait aux peuples la sécurité dés tyrans
et le repos des esclaves. (*)

Les voilà pourtant ces lois constitu-
tives qui ont enfanté des milliers de
volumes, dont le texte de la liberté doit
pulvériser les commentaires.

Une autre loi de la société féodale
consacre un chef électif qui, sans au-
torité directe contre chacun de ses membres, sert cependant, ainsi que le ren-
dez-vous-local assigné pour les diettes,
de point de ralliement aux intérêts géné-
raux. Mais une politique contemporaine
a modifié le droit par le fait, et l'unité
du système était portée depuis quelques
années sur deux colonnes.

Nous avons vu s'éteindre une maison
d'Autriche. L'héritage de son ambition
a passé dans la maison de Lorraine avec
son nom et ses états. Joseph second
était à peine empereur, que sa politique

(*) On connaît la loi particulière qui défend
aux gentilshommes de voler sur les grands
chemins.

envisagea tout l'avantage d'acquérir la
Bavière par l'échange de la Belgique.
Cette négociation artificieuse remplirait
presque toutes les pages de la vie de ce
monarque. Le partage de la Pologne,
la guerre avec les Turcs, ne furent que
les combinaisons de la nécessité, le résultat de l'ascendant de Catherine, qui
fit constamment marcher cet empereur
à sa suite. L'idée de la Bavière subjugua
Joseph tout entier. Ses opérations fis-
cales dans les Pays-Bas, la réunion de
plusieurs domaines sacerdotaux à la
couronne, l'attachement de cette nation
à des droits que le despotisme se permet
d'appeler des privilèges, cette aversion
muette et réciproque que l'esclave ne
retient qu'avec peine contre son oppresseur et que l'oppresseur décèle toujours
à son esclave, la dépense et la nécessité
d'une armée anticivique et d'un gouvernement soldatesque, la proximité de nos
frontières hérissées de forteresses, en
opposition à un pays presque ouvert,
tous ces motifs justifiaient et le dégoût
de Joseph pour la Flandre-Autrichienne

et son attrait pour la Bavière. Il se débarrassait des frais et des dangers d'un voisinage incommode : il arrondissait sa puissance et devenait par-là plus prépondérant dans son système. Le roi de Prusse (et c'était Frédéric II.) l'observait avec ses armées, ses trésors et son génie. De-là, l'inquiétude des grands feudataires, les calculs topographiques, les prévoyances militaires, enfin la contrefédération des Etats de Germanie.

Dans le système des contre-poids cette division de solidarité partielle, dans la garantie générale, était assez politiquement combinée. Elle était inévitable depuis l'aggrandissement d'un état dont le monarque avait acquis le nom de roi. C'était donner un frein politique à l'avidité du roi de Hongrie devenu chêne au milieu des roseaux ; c'était prévenir ses invasions en lui montrant ses obstacles ; c'était maintenir des intérêts opposés et les enchaîner l'un par l'autre. La liberté française a tout détruit. Plus de combinaisons, plus de calculs. Les maisons rivales d'Autriche et de Brandeboug, réunies un moment, auraient mis le sort de l'Allemagne à leur merci, si la France n'avait pas interposé ses succès entre leur ambition et leurs moyens.

. . . .

. . . . , ...

Nous ne citerons ici que les puissances le plus positivement influentes. La nomenclature des autres échappe à la mémoire et presque à l'inspection de la carte. L'électeur de Brandebourg et le roi de Bohême et de Hongrie se trouveront à leur place.

Les électeurs épiscopaux de Mayence, Trèves et Cologne étaient regardés depuis long-tems comme les grands aumoniers de la maison d'Autriche, les instrumens mitrés de la consécration impériale. Eunuques politiques, successeurs sans être héritiers, ils ne laissaient que le même champ à moissonner à des usufruitiers nouveaux. Cette institution théocratique, parodie de la papauté, ce mélange de fonctions religieuses, civiles et militaires, est digne de l'observation philosophique. L'ignorance et la superstition en sont les causes ; l'astuce et la terreur les moyens ; la richesse et la puissance le but ; la misère et l'ignominie les effets. Telle est à-peu-près l'histoire des princes et des sujets dans les évêchés monarchiques.

Les trois prélats donnaient à leurs parens, à la cour de Vienne une procuration de courtisans. Les graces, les titres, les cordons payaient leur suffrage électoral à la nomination d'un empereur et d'un roi des Romains......: Certes ce n'était pas un homme ordinaire que ce Frédéric II, qui plaçait un royaume tout nouveau en regard avec cette masse antique d'intérêts consolidés sous le nom d'empire et d'empereur ! et maintenant quel ordre de choses va sortir des événemens de la guerre ? Le systéme de l'Allemagne sera-t-il modifié, détruit ou conservé ? La politique s'épuise à chercher, à conseiller l'avenir. On le juge par le passé : chacun le soumet à son instruction, à sa pensée de confiance ou d'habitude, et souvent l'une et l'autre ne produisent que des préjugés diplomatiques. C'est

avec la victoire et la liberté, c'est par le
génie de la France, c'est sur - tout par
l'étude morale et politique du cœur et de
l'esprit des hommes qu'il faut combiner
cet avenir. Qui de nous pourrait fixer
avec précision les convenances ou les
probabilités, rapprocher les faits et les
principes, peser les droits et prévoir les
abus, calculer les intérêts comme les ré-
sistances, supposer enfin la statistique
pécuniaire ou commerciale, économique
ou militaire qui doit résulter d'un nouvel
ordre. Nous essayerons de donner quelques développemens à ces idées lorsque
nous parlerons de la France. Bornons-
nous à déclarer que la sécularisation des
évêchés germàniques est l'effet inévitable de la Révolution, que ces biens
de main-morte passeront en des mains
très-vivaces, que la faible puissance de
plusieurs grossira le torrent de quelques
autres, et que sans la vigilance et la
liberté des Français le bonheur des peuples ne trouverait peut-être pas un seul
article, pas un seul mot dans les traités
de partage. . . . .

Suivent ici des détails rapides sur chacune des puissances de l'Empire, la Saxe, la Bavière, le Palatinat, le Landgraviat de Hesse, les Deux-Ponts, Wurtemberg, etc. etc. Les villes anséatiques : puis la négociation faite au nom du dernier roi avec le duc de Brunswick auquel on offrit le commandement des armées françaises, en 1792.

Nous allons encore extraire ici quelques idées générales. Si elles ne font

*pas désirer la publication de l'ouvrage,
elles en feront au moins connaître
et l'esprit et le but.*

Dans les monocraties tous les systèmes se varient et se succèdent comme
les ascendans au trône. L'enfance, l'âge
viril, l'âge mur, la conduite des rois
sont autant de périodes pour les usages,
le ton, le langage, les formes et le fonds
de la pensée, même celle de la superstition et des lois. L'influence des cours
descendant toujours dans les villes et de-
là dans les campagnes, et l'influence des
mœurs champêtres ne remontant jamais
dans les villes et de-là dans les cours,
toujours quelques-uns des pouvoirs at-
teignent le membre le plus obscur de
cette prétendue société, sans qu'aucun
des droits, aucune des vertus naturelles
se fasse jour à travers toutes les institutions qui les repoussent. Lorsque tous
les vices sont descendus jusqu'au dernier degré, la régénération est un bienfait inévitable. Le terme extrême de la
dissolution touche immédiatement au
premier point d'une production nou-

velle. C'est ainsi, par exemple, que là discipline militaire était devenue le dernier degré de l'esclavage et de la tyrannie ; mais lorsque ce despotisme accablait de toute sa pesanteur les soldats de l'étranger, l'instruction civile se propageait parmi nous. Le français, sous les armes, osait juger ses chefs en étudiant leurs talens. Chez les étrangers enfin, le courage est presque entièrement le produit de la subordination, et chez les français libres, la subordination est le produit du courage.

Eh ! qu'on ne vienne plus nous vanter le bonheur ou la nécessité de l'ignorance. Trop d'aveugles sont devenus clairvoyans pour honorer encore la cécité, et quelque prix que puisse avoir coûté sa guérison, il n'est pas un seul homme qui consentit à retourner dans ses ténèbres, puisque le plus infortuné des êtres sensibles ne voudrait pas abdiquer son sentiment. Cette vérité devient chaque jour plus populaire. C'est une arme contre laquelle on voudrait en vain se défendre : la force pourra la contraindre à se cacher, pourra même en repousser quelques traits : la séduction ne parviendra plus à l'émousser. Elle s'applique sur-tout au commencement des nouveaux règnes. On peut connaître historiquement les causes, la marche et les effets de la Révolution sans apprécier son influence. Tel acte émané du pouvoir ou trop tôt ou trop tard, l'exigeance d'une génuflexion servile mise à la place d'un hommage volontaire et décent, un changement convulsif dans la hiérarchie militaire, la proscription de toute liberté écrite, cette défense de lire qui fait naître le besoin de penser, le courage de parler, la nécessité d'entreprendre, tous ces moyens sont en contradiction trop manifeste avec l'esprit général pour l'adoucir et le dompter. Le pouvoir désormais n'a plus qu'à suivre la liberté dans sa route. Il faut éclairer son passage, lui préparer les lieux du repos, le tems et la facilité de ses moyens. Il faut l'honorer et non pas l'insulter, lui obéir et non pas l'enchaîner, en prendre sa part, loin d'envahir les autres.

parts. Douce, humaine, bienfaisante si elle est traitée avec vénération par ceux qui la tenaient captive, elle sera terrible, implacable, criminelle peut-étre, mais invincible. Elle confondra tous les rangs, subjuguera toutes les passions, s'asseoira sur des ruines partout où elle rencontrera des obstacles.

Les courtisans du Nord ne fatigueront point de cet avenir les nouveaux monarques de leurs contrées. Aucun ne leur dira : régnez avec les bonnes lois, régnez pour abroger les mauvaises ; régnez méme avec l'esprit des lois qui sont à faire, avec celles qui sont appellées par l'assentiment de la raison et des peuples. Si elles existent dans votre ame comme dans la pensée des gens de bien, l'on vous saura gré d'avoir devancé le vœu de vos concitoyens ; c'est-là la véritable initiative des gouvernans. Ils leur diront au contraire : vous avez vu les Français, leurs malheurs et leurs crimes, hâtez-vous de détourner tous les fléaux qui vous menacent : menacez avec tous les supplices :

ordonnez qu'on vous adore ; emprisonnez tout un peuple en le séparant des idées libérales : abaissez les grands sans élever les petits : rehaussez votre thrône, il sera moins aisé de l'atteindre... Rois de la terre, l'avenir accourt ; c'est à lui de vous répondre.

DISCOURS XXV.

ANGLETERRE. (*)

S'IL existait sur la terre un peuple qui, après des siècles de cruautés et d'anarchie, n'eût acquis qu'une constitution sans égalité, une liberté sans garantie, un gouvernement despotique sans pudeur et politique sans probité, sans doute il est des rois qui voudraient s'associer à ce gouvernement et le prendraient pour leur modèle.

Si, dans le même tems une nation immense par sa population, sa richesse et son courage, abjurant les superstitions et s'élevant au-delà des

---

(*) On pourra reconnaître dans ce morceau quelques phrases qui ont été prononcées à la tribune de la Convention nationale. L'Auteur avait confié son manuscrit et permis qu'on en fît usage à cette époque.

C

conquêtes, donnait à l'humanité le spectacle de la liberté , de l'égalité primitives , sans doute tous les peuples devraient s'unir avec ce peuple et profiter de son exemple.

Les rois ont obéi à leurs passions : ils se sont unis à l'Angleterre. Les peuples ont méconnu leurs intérêts , ils ont abandonné la France.

Nous avons trouvé par-tout le fatal génie du cabinet de Saint-James : partout nous l'avons vu, tyran des rois, leur ordonner la guerre, leur défendre la paix ; l'or à la main et la menace à la bouche, effrayer le commerce, dicter la trahison, soudoyer la calomnie, blasphémer la liberté. Si tous les combats des français sont des victoires , tous les pas du ministère anglais sont des crimes. Qu'il eût été juste et nous allions sceller la paix du monde !

Les guerres des rois ne furent jamais que des procès plaidés par des soldats et jugés par la victoire ; mais la vraie liberté fait tourner ses triomphes au profit de la raison. Ah ! s'il était arrivé

le jour de la vengeance! Si nos républicains, descendus aux rivages d'Albion;
après avoir livrés aux flammes ces vaisseaux usurpateurs de Toulon et des
mers, allaient punir à Londres la san-
guinaire oligarchie des tyrans, cette ambition insolente dont ils ont rendu le
peuple anglais le complice et la victime,
alors trop au-dessus de la gloire nous
en dédaignerions la vanité : alors nous
pourrions enfin montrer aux Anglais le
néant de leur puissance, l'imposture de
leur richesse, l'illusion de leur liberté.
Quelque Français, ami des hommes,
se ferait entendre aux habitans de la
cité : sa voix retentirait dans West-
minster. Il pourrait dire.

Descendans des Germains, Bretons,
Normands, Saxons, Suédois et Danois
qui, sous le nom d'Anglais avez con-
fondu vos invasions et vos mœurs, si
vous aviez été vraiment libres, nous
ne serions pas ennemis. Vos maîtres
voulaient décider de notre destinée : la
République française va prononcer sur
la vôtre : mais puisque la vérité pénètre

avec nous dans cette enceinte, voici les fastes de votre histoire , je tiens dans mes mains les actes de vos parlemens, les chartres de vos rois : écoutez-moi.

Avant que l'orgueil avide de votre gouvernement eût forcé vos provinces d'Amérique de s'unir entre elles par une constitution véritable, la fastueuse renommée de la vôtre en imposait à l'Europe , en imposait à vous-mêmes. Le mot *constitution* s'accorde si bien avec le mot *liberté*, qu'en vous entendant toujours vous vanter de l'une, on a cru que vous possédiez l'autre. Jamais vous n'avez caressé que leurs fantômes. Je la cherche , je vous la demande , votre constitution : je ne trouve que des matériaux épars , insuffisans. Ce que vous appellez un monument élevé à la liberté est à peine un rempart ébauché contre la tyrannie.

Ne remontons point aux immunités passées avec les Germains dans votre isle. Ces droits écrits importunaient vos monarques : ils vous les représentèrent quelquefois malgré eux , les cachèrent

toujours malgré-vous, et violèrent enfin
tous les dépôts qui les tenaient renfer-
més. Ne parlons pas non-plus des ba-
ronnies apportées de notre Normandie
par ce féodal Guillaume qui révolta
jusques aux compagnons de ses armes.
Il était devenu trop despote envers les
grands, et les grands ne se trouvaient
plus assez despotes envers les peuples.
Commençons par cette grande chartre,
arrachée à Jean-Sansterre et que vous
regardez comme la première pierre de
l'édifice. En effet, c'était beaucoup alors:
c'était tout sans doute si le peuple as-
semblé eût fait entendre sa voix sans
l'intermédiaire de ses soi-disans représentans; si au lieu de regarder comme
une conquéte ce qui n'était qu'une res-
titution commencée, il eût fait rédiger
le code entier de sa volonté souveraine.
Mais dans les tempétes séculaires de
vos révolutions, jamais vous n'avez dé-
veloppé ce grand caractère qu'une nation
doit imprimer aux actes constituans de
son association politique. Dans vos revers et dans vos succès alternatifs le

champ de bataille reste toujours à vos rois.

Etait-ce donc une constitution qui permettait de piller les domaines, toujours nationaux de la monarchie, à la voix de trois ou quatre hauts-justiciers ses feudataires? Etait-ce pour une constitution, qu'un de vos Henri massacrait le peuple armé qui demandait sa liberté; qu'un autre Henri vous extorquait des subsides sous le nom frauduleux de bénévolence et payait, comme tous ses semblables, la séduction avec les produits du larcin? Et ce thrône abattu et relevé tour-à-tour pour des Yorcks et des Lancastres, mais toujours porté sur les ossemens de vos ancêtres; ces deux sèctes de la religion du Christ alternativement enivrées de leur sang; cette catholique Marie, cruelle sans nécessité, vindicative sans remords; cette reine, bourreau d'une autre reine, cette Anglicane Elizabeth, dont la mémoire honorée par vous est un apologie du despotisme; ce premier Jacques, moins dangereux parce qu'il fut moins hypocrite ; ce premier Charles, assassiné, ou si l'on veut puni par un tyran plus habile ; ce Cromwéll enfin, roi sans couronne, qui n'épouvanta l'Angleterre et l'Europe que parce qu'il ne fut pas épouvanté de sa puissance. Il constitua son gouvernement comme la nature avait composé son caractère : il méprisait assez ses esclaves pour oser les appeller républicains et s'en fit assez respecter pour en être appellé protecteur. Cet homme aima la liberté comme les tigres aiment leur proie au moment qu'ils la dévorent.

Elle passa cette tyrannie intercalaire et cette leçon terrible allait encore être perdue pour vous, si les deux fils de Charles ne s'étaient hâté d'oublier l'échafaud de leur père. Cette loi dernière, cet acte *habeas corpus* plus vanté aujourd'hui, et cependant plus violé que jamais, n'est-il pas la preuve écrite que vous eûtes toujours besoin de la stupidité de vos oppresseurs, et que votre raison vous a bien moins servi que leur audace ? C'est ainsi que votre histoire n'offre que

les convulsions du despotisme en délire
vaincu par l'esclavage en fureur. Aussi
vos préposés n'ont - ils jamais souffert
que la nation pût saisir d'un coup-d'œil
l'ensemble de ses victoires civiques et de
ses droits naturels. Il vous faut fouiller
dans la poussière de vos archives ; il
faut qu'un anglais étudie l'histoire, la
législation, toutes les royautés des deux
sexes pour se faire une idée de sa condition politique. En rendant ainsi cette
instruction plus compliquée , les deux
aristocraties de vos parlemens et de vos
rois ont conspiré contre le peuple pour
l'écarter de la confidence de leurs devoirs et de ses droits. Une constitution
est un contract national et solemnel ,
conçu librement , rédigé avec maturité ,
accepté sans séduction , exécuté sans
contrainte. Qui croirait le corps politique organisé par un mécanisme qui ras-
semblerait à diverses époques des membres informes sans proportion et sans
mesure. On ne donne point une ame
commune , pas même une existence
isolée à chacune de ces parties hété-;

rogènes. Le corps entier n'en a qu'une. Tels sont pourtant les ressorts incohérens du vôtre. Point d'unité, point de liberté, point de solemnité. Le consentement de la nation est purement négatif : il n'est même que présumé par son silence. Toujours l'aveu national fut partiel, morcélé, irréfléchi, souvent plus dangéreux à refuser qu'à laisser croire.

Ce n'est pas que quelques-unes de vos lois politiques ne méritent des éloges justifiés par vos succès. Tout n'est pas erreur ou crime dans les institutions des hommes. La séparation des pouvoirs était une conception libérale qui devait servir de type à des développemens nouveaux comme elle. Les peuples du Nord, en vous apportant leurs jurys, avaient donné bien plus à votre liberté qu'ils ne vous en avaient enlevé par leurs conquêtes. Mais ce dernier siècle d'éclat et de prospérité qui vous enorgueillit, peut-être un jour attestera-t-il aux nations que vous n'étiez que des convalescens lorsqu'elles étaient encore en lé-

thargie. La liberté seule , assurée par
une représentation constante et des représentans temporaires est un état de
vie et de santé pour les peuples, tant
que l'égalité n'exigera rien que la raison
sociale ne puisse accorder à la raison
naturelle, car la liberté n'est que l'ac-
cord parfait de l'une et l'autre.

Combien elles sont différentes les
bazes sur lesquelles vos publicistes eux-
mêmes ont établi vos droits! les impos-
teurs ! ils disent votre parlement seul
arbitre, arbitre sans vous de votre religion , de votre thrône et de vous-
mêmes. Ils le proclament souverain ina-
movible pouvant tout changer autour
de lui, et c'est ainsi qu'il s'était révolté
contre vos Colonies. Oui, sans doute,
ce parlement serait législateur s'il repré-
sentait en effet tout le peuple, s'il était
réellement son mandataire ; mais souverain, jamais ! la souveraineté confie
ses volontés, fait exercer son pouvoir,
représenter sa dignité, mais la nation
toute entière reste propriétaire incommu-
table de tous ses droits : elle les ga-

rantit à tous ses membres qui tous aussi
sont solidaires envers elle de son unité.
Une constitution, une loi, un usage,
tout existe, tout cesse par le peuple;
il veut ou tolère, il refuse ou consent,
il n'obéit qu'à ce qu'il a commandé,
car le bien qu'on lui propose est celui
qu'il voulait et son acceptation même
est un ordre. Le mal qu'on lui fait au
contraire est un parjure et son silence
n'est que l'ajournement de sa vengeance.
Votre roi et ses gages, vos parlemens
et leurs privilèges, vos évêques et leurs
prébendes, tout cela vit pour vous et par
vous; vous seuls devez juger ce qu'il est
utile de réformer, prudent de conserver,
dangéreux de détruire.

Ils vous semblent nouveaux ces principes. Eh bien, ils sont nés avec les
sociétés : ils sont aussi vieux que la
raison, aussi sacrés que la justice. Vous
en recueilleriez les bienfaits si vous les
aviez consacrés par l'acceptation pure
et franche d'une loi simple, universelle,
fruit d'une méditation raisonnée, d'un
assentiment unanime, de cet attendris-

sement profond que doit produire dans
des ames concitoyennes la conviction
et la douceur de l'égalité politique.

Elle n'est connue de vous cette égalité ni par l'unité des lois pénales, ni
par la jouissance des droits utiles. Eh
chez quel peuple la famille des privilèges a-t-elle été plus étendue? Où les
deux hazards de la naissance et de la
fortune ont - ils créé plus de faveurs?
Chez vous, les abus ont rang parmi les
abus mêmes. Le représentant couronné
que le hazard vous donne ne dissout-
il pas à son gré le corps entier formé,
dit-on, par votre choix? Est-ce comme
partie intégrante du corps législatif qu'il
exerce cette faculté? Mais la moindre
partie devient donc supérieure au tout
et lui dicte ses ordres? Est - ce comme
législateur unique? Mais la loi reste
donc quelques momens entre les mains
d'un seul! il faut bien plus alors : il
faut qu'il réunisse en lui tous les pouvoirs puisque lui seul fait exécuter ce
que lui seul a commandé. Eh, par quel
étrange renversem nt d'idées avez-vous

dit à cet homme le jour de son avène=
à votre thrône : toi seul ne nous trom-
peras jamais ; et si nos mandataires
électifs résistaient à tes intérêts , que
nous supposons toujours les nôtres, sois
armé de tout notre pouvoir, assuré de
notre aveu : leur jugement est pro-
noncé d'avance, tu ne fais que l'exécuter
en nous forçant d'en nommer d'autres.
Comment expliquer autrement cette dis-
position de votre loi ? L'insurrection ,
direz-vous , est toujours prête à nous
venger : oui, sans doute, mais la guerre
civile est à côté : chaque page de votre
histoire le prouve. Si l'insurrection était
le plus saint des devoirs , le pire des
gouvernemens serait celui qui la ren-
drait à tout instant nécessaire.

Vos pairs, qui ne sont les égaux de
personne, sont des privilégiés dans la
noblesse. Créés par un roi ils s'asseoient
où se lèvent sur leur banc parlemen-
taire à son moindre signal. La conscience même d'un Lord absent est sup-
pléée par la conscience d'un autre lord;
tant la séduction a craint d'être trompée

dans ses calculs. Vrais apôtres de l'i-
négalité, seuls défenseurs de leurs pré-
rogatives, ils en sont aussi les seuls
juges. C'est à-peu-près ainsi que vous
laissez la police et la sûreté de vos
routes à la discrétion de l'ennemi connu
des voyageurs. Le pauvre, conduit trop
souvent au crime par l'ignorance ou le
besoin, ne peut échapper au supplice;
mais un pair, un prélat, un représentant du peuple peut, une fois dans sa
vie, commettre un délit de préférence :
c'est un coupable, mais ce coupable est
une fois impuni.

Nous ne ressasserons point ici cette
inégalité tant répétée de la représentation dans les communes. Quel mélange inoui jusqu'à vous, d'humiliation
et d'orgueil! Qui donc, quoi donc est
représenté dans vos assises? Ce ne sont
pas les hommes, car alors la population
serait la loi première, la loi de proportion et de justice. Ce n'est non-plus
ni la richesse territoriale qui se divise
et se varie avec les tems, ni la richesse
industrielle qui, plus mobile encore

n'habite pas toujours la même enceinte.
Qui donc a des délégués? Qui nomme
ou reçoit des électeurs et par eux des
représentans? Le reste mutilé d'une
tour ou d'une prison féodale, le tertre
rocailleux et éternellement stérile où
végétait jadis un justicier, votre tyran.
Un seul homme est représenté par plusieurs et des milliers de citoyens sont
sans voix, sans interprète et sans appui!
Vous ne l'avez aussi que trop soufferte,
cette vénalité crapuleuse qui n'excepte
aucun genre de séduction, qui rend la
beauté même et la modestie d'un sexe
complice de l'ambition de l'autre, et fait
sortir de l'ivresse et de la corruption
des festins le choix que le calme de la
liberté n'accorderait qu'à la vertu. Eh
qu'importe qu'un bourg, qu'un comté
soit ou ne soit pas représenté par plus
ou moins d'intriguans, lorsque la por-
tion productive du peuple, lorsque vous,
citoyens qui m'écoutez, vous êtes dé-
gradés dans votre empire! sans doute
la liberté, premier de tous les biens,
paraît supposer d'autres propriétés : sans

doute l'homme, dans la dépendance du besoin, qui ne prend intérét qu'aux lois de bienfaisance, est moins appellé aux lois bursales et conservatrices ; mais n'est-il donc point de milieu entre la richesse et la misère, entre les facultés intellectuelles ou morales et les dons de la fortune? Tant de shellings pour élire! tant de guinées pour étre élu! Sont-ce là les titres de la nature? Est-ce là le tarif de la nécessité politique? Et si plus de vertus se trouvaient dans le simple artisan, si des pertes imméritées, si la fécondité de sa famille réduisaient un citoyen à la nudité : fils d'un père utile, si le malheur avait contrarié son éducation héréditaire, le voilà donc nul pour la liberté, voilà son courage et ses talens perdus pour la patrie. Ainsi les droits de l'homme et du citoyen admettront constitutionnellement ces degrés trop inégaux, le despotisme du puissant insultera la nullité du faible; la porte de fer qui classe la médiocrité ne s'ouvrira qu'avec une clé d'or; et tandis que les préférés du genre humain s'agiteront

teront pour parvenir aux premiers rangs, il sera des hommes condamnés dans tous les tems à servir de marche-pieds à leurs semblables.

Si nous comparions les délits et les peines de votre code, quelle monstrueuse similitude pour des délits différens! La mort, cette peine, trop rigoureuse ou trop légère, que la loi sociale a étendue bien au-delà de la loi naturelle, comprend dans la même classe des crimes tout-à-fait éloignés dans leurs rapports : il serait trop humiliant d'énumérer ces contrastes. Votre liberté personnelle, cette propriété non-moins sacrée, plus chère peut-être encore à l'individu que la liberté politique ne l'est à la société toute entière, n'est-elle pas à toute heure à la merci d'un créancier et même d'un mensonge ennemi qui suppose un débiteur, et vous appellez cela la garantie du commerce. Certes, elle était bien étrange l'équité de vos aycux, le jour où non-content de la punition due aux grands crimes, ils ont centuplé les tortures de votre enfer pour

D

le meurtrier d'un homme roi et frappé de mort civile et son nom et ses enfans et sa compagne. Votre enthousiasme pour votre secte, votre horreur légale pour celle de Rome, ces burlesques anathêmes, qu'il faut prononcer pour être roi, représentant ou sermoneur, cette religion politique, cette hypocrisie nécessaire, qu'est-elle donc autre chose qu'un bill contre l'ame et la pensée? L'erreur seule a des dogmes : la nature et la vérité n'en ont point.

Sans doute le travail est une condition de l'humanité ; mais la force est un bienfait de la nature, et cependant les journées et les fruits de vos labeurs ont un tarif. L'ouvrier est véritablement attaché à la glebe ou captif dans un attelier. Une heure fixée l'appelle : une autre heure va le chasser. On a craint ou de payer trop chèrement la sueur du pauvre ou que le pauvre n'eût pas assez de peine.

Le talent lui-même n'a-t-il pas ses entraves. Vous rétrécissez le génie dans la longue filière d'un obscur apprentis-

sage. Il allait être artiste, la loi le veut
manœuvre, la nature est démentie par
elle.

Quoi! vous êtes libres, et vos instituts
n'ordonnent - ils pas à la jeunesse sans
propriétés, sans revenu, de se vendre
à des maîtres? Il faut servir, servir est
un devoir : il faut souscrire par un traité
honteux, à l'aliénation de soi-même. La
société a rédigé les conditions de ce
marché ; c'est un présent de la loi,
comme si les gouvernemens n'étaient
pas assez coupables par-tout où le besoin a fait de la servitude une nécessité.
Victime de ton indigence et plus encore
de ta maternité, c'est en vain que ta
fille espérait croître sous tes yeux pour
le travail et la vertu. Le vice, dit-on,
séduirait sa pauvreté : la loi va la rendre
orpheline. Loin de toi, dans la domes-
ticité, dans les pleurs elle va chercher
des piéges plus réels, des dangers plus
évidens, heureuse si elle ne te rapportait
que sa douleur. Et toi, jeune homme,
délaisses la chaumière et la vieillesse de
tes parens, puisqu'ils sont misérables ;

prives-les de ta piété, de tes travaux ;
prives-toi des consolations que leur as-
surait ta présence, choisis ou reçois un
maître ; ou plutôt, si les français sont
libres, s'ils ont juré la république et la
victoire, attends que les archers du ministère se précipitent sur toi, et t'aient
déjà inutilé avant de t'avoir fait soldat.
Appelles alors ta constitution, invoques
les lois, la justice, l'humanité : tu
étais agriculteur, artisan : sois matelot,
deviens pirate, combats des hommes
et meurs sous la foudre de la liberté.
La représentation nationale est la propriété du riche ; la presse est la propriété du pauvre.

Oui, votre gouvernement, votre roi,
vos ministres, votre honte et nos conquêtes, vous avez tout mérité puisque
vous avez voulu tout souffrir. Etait-ce
donc nous qui avions provoqué votre
haine et vos armes ? Ah plutôt nous
espérions que la mémoire de vos révolutions vous ferait interpréter les nôtres
avec un intérêt philosophique. Crédules
que nous étions, un sentiment de pré-

férence et d'estime nous attirait vers ce
peuple rival. Dans les derniers jours de
notre esclavage nous invoquions sa liberté. Tel était alors l'ascendant de l'o-
pinion que nous ne voulions plus être
ennemis ; nos rois nous auraient vaine-
ment ordonné de nous haïr : et cependant lorsque l'indignation si long-tems
comprimée dans nos ames en sortait
par une explosion unanime, lorsque le
cri général proclamait la liberté souveraine, votre ministère calculait froide-
ment notre enthousiasme et les profits
que pourrait en tirer sa politique, sem-
blable à ces brigands qui dans les grandes
convulsions de la nature pillent les maisons bouleversées par les volcans.

Rappellez-vous notre situation et la
vôtre et jugez-vous. Vous aviez autant
besoin de repos que nous de liberté.
Une longue guerre vous avait épuisés :
un traité tout nouveau vous ouvrait tous
nos ports, vous confiait notre commerce.
En admettant ces manœuvres diplomatiques que le besoin du faible appelle
des ressources et que la morale du juste

appelle des crimes, tout vous comman-
dait d'entretenir au moins l'extérieur de
la neutralité. Mais votre cour s'indignait
tacitement de notre gloire : ce grand
exemple était un grand danger pour
elle. C'est votre ministère qui arma
Gustave, chevalier des autres rois ; c'est
votre agent qui fut le premier orateur
dans la caverne de Pilnitz. Le roi Sarde
s'épouvantait de la guerre : votre cour
arrive à la hâte, lui offre en subsides
le produit de vos impôts et sollicite pour
le Piémont les soldats de l'Autriche ;
et c'est ainsi que les anglais ont payé
des allemands pour défendre des ita-
liens assiégés par des français. C'est
l'Angleterre, garante du traité de West-
phalie qui en déchirait les conditions,
qui démentelait en espérance la France,
l'Allemagne et la Pologne. Vos couriers
plénipotentiaires n'ont-ils pas été ré-
chauffer le fanatisme de la royauté à
Madrid, à Lisbonne, en Toscane, à
Stockolm, à Pétersbourg, à Copenhague:
le Stathouder lui-même s'était déjà cru
roi puisque nous devenions républicains.

Vous qui faisiez contraster un service avilissant dans le palais de vos monarques avec un mépris arrogant pour tous les autres rois ; vous qui vous disiez les premiers nés de la liberté, vous l'avez méconnue, vous l'avez trahie, vous l'avez traînée avec insulte dans tous les cabinets de l'Europe ; vous l'avez poursuivie au milieu de nous avec tous les fléaux. Munitions et calomnies, prêtres et soldats, poignards et crucifix ; vous fournissiez tout à la Vendée ; vous achetiez chez nous jusques à la famine et vous lui commandiez de séduire la liberté. Eh quel français pourra jamais vous pardonner les complots de ses concitoyens et les supplices que vous leur avez préparés ! Quel habitant du monde oubliera, dans la postérité, cette longue famille d'innocens dont on a peuplé nos échafauds ! Oui, c'est par toi, peuple anglais, que les nations sont devenues malheureuses. L'ambition de ton gouvernement à pesé dans sa balance tout le sang de l'Europe : il s'est établi banquier de l'horrible jeu de la guerre en appellant à lui le désastre de tous les peuples. C'est par lui que le deuil et la misère sont étendus sur le globe ; c'est à lui que nos ennemis honteux, harassés, fuyant devant nos étendards, redemandent des citoyens, des fils, des époux vaincus par nous et morts esclaves. Ainsi donc le plus vaste complot formé contre le genre humain est descendu de la Tamise...... L'histoire achèvera notre vengeance.

Eh, que vous reste-t-il aujourd'hui de tant de crimes ? Vous avez laissé couper en trois morceaux la Pologne ; vous avez introduit dans la Baltique un nouvel hôte qui pourra bientôt rivaliser ses trois voisins et supprimer chez lui votre commerce ; vous avez conspiré contre la fortune et la liberté des bataves : nous leur avons donné la liberté ; ils repomperont votre fortune. Vous aviez séduits les espagnols : ils trouvent une autre famille dans les français. Vous avez rompu l'équilibre de l'Allemagne : la France en sera le conservateur et l'ar-

bitré. Vous avez tourmentés tous les
systèmes de l'Italie, la victoire y a pro-
clamé la république. Caissiers de Guillaume, de François et d'Amedée, vous
êtes devenus insolvables envers leurs
soldats, vos créanciers, qui ne vous par-
donnent votre impuissance qu'en vous
abandonnant à votre orgueil. Vous le
voyez, il n'est plus de lauriers à espérer.
Dunkerque et Lille vous ont foudroyés ;
Valenciennes vous à chassés ; Fleurus
et Juliers sont vos tombeaux. Des traîtres
avaient ouvert Toulon à des lâches, des
français y sont rentrés en vainqueurs.
La Corse de Paoli s'était vendue ; la
Corse de la France s'est reconquise.
Votre or et vos denrées ont encore des
succès passagers dans les Antilles ; mais
déjà le climat et le fer ont consumé
vos bataillons. Allez voir fumer à Terre-
Neuve les établissemens de vos pêches :
vous nous avez forcé de regarder le ra-
vage et l'incendie comme une justice à
vous rendre. Où sont - elles donc ces
escadres que vous promeniez avec faste
dans les quatre parties du Monde ?

Serions - nous donc étonnés de trouver
dans vos ports des noms antiques sur
cent bâtimens rongés de vers. Vous avez
beau amarrer des étrangers, entasser les
nations, insulter à tous les droits ; la
presse, ce fléau de votre hospitalité, en
dépeuplant votre isle , ne fournit aux
élémens que des victimes.

Dans lequel de vos royaumes se trou-
vera l'or qui doit payer tant de calamités ? Votre dette est un abîme : il
faudrait une mine entière , une mine
énorme pour le combler : toute la su-
perficie de votre isle acquitterait à peine
en plusieurs années les capitaux accrus
de plusieurs milliards depuis quatre ans.
Vos possessions d'Asie nourrissent, il
est vrai , mais ne soldent pas vos pro-
digalités politiques : votre puissance est
telle dans ces contrées , qu'on ne sait
plus si Londres est encore la métropole
du Bengale, ou si Calcutta est la métropole de l'Angleterre ; mais enfin le
territoire de l'Inde est le champ du
commerce, et vous n'avez pas vu qu'en
multipliant autour de vous et la guerre

et la mort, vous desséchiez vous-mêmes, tous les canaux de la richesse ! Ces indiens, vos esclaves, les croyez-vous de vrais anglais ? Ils ont en exécration votre pouvoir et votre nom. Vous avez détrôné les bourgeois de Londres, souverains en Asie : leurs troupes marchandes ont été relevées par des soldats plus royaux. Sachez que cette succession de tyrans uniformes, leur brigandage, leur brutalité ont jetté par-tout le désespoir : il vous faudra bientôt autant de gardiens que vous y comptez d'habitans. Nous au contraire, nous avons laissé des souvenirs toujours chers aux peuples du Coromandel, du Malabar et du Mogol. Leur climat les rend si sensibles aux douceurs de la paix, au commerce de la franchise et de la bienfaisance que depuis long-tems il aurait suffi de nous montrer pour hériter de vous. Les marattes, trompés dans la dépouille de Tippo-Saib, ce même Tippo dévorant ses affronts et toujours impatient de les venger, invoquent encore sur leurs rivages les conseils et les vais-

seaux de la France. Si nos anciens ministres, dupes ou gagistes des vôtres,
au lieu de détruire et de calomnier nos
moyens, avaient senti notre courage,
il ne resterait pour vous dans l'Asie que
la haine qui survit à l'oppression et sert
encore de défense à la postérité.

Eh quels amis auriez-vous au dehors,
vous qui au dedans vous isolez de vos
frères ; vous qui dans un seul peuple
avez toujours distingué trois familles
comme votre roi trois couronnes. Votre
fierté dédaigne la fierté des écossais.
Avec les mêmes intérêts vous n'avez
pas une patrie commune. L'Irlande n'est
pour vous qu'une Colonie subordonnée.
Aussi les montagnards d'Ecosse garde-
raient-ils mieux leur liberté que la vôtre,
et malgré tous les paradoxes moraux
et politiques, quatrevingt mille irlandais
n'attendaient de nous que des armes
pour s'absoudre de six cents ans de
servitude.

Superbes insulaires, la mer vous en-
vironne et vous voudriez l'envahir. Cet
élément, le théâtre de votre ambition,

l'instrument de vos succès, vous le
regardiez aussi comme une propriété.
Toutes les nations ne devaient naviguer
que par vous et pour vous. Infracteurs
de vos propres lois, indociles au respect
que vos chartres vous commandent pour
la navigation des étrangers, si la Suède,
le Dannemarck et l'Amérique avaient
désespéré de nous, s'ils n'avaient pas
rendu leur intérêt solidaire de nos besoins, vos ports auraient été les seuls
rendez-vous du commerce, les seuls
marchés de l'Europe. Ajoutant l'osten-
tation de l'opulence à l'abus de la force,
n'aviez-vous pas prétendu payer aux peuples navigateurs tout ce que la France
attendait d'eux et faire avec nous as-
saut de richesse ainsi que de puissance.
Et lorsqu'après tant de complots fame-
liques, votre cour a vu que la France
vivait toute entière, que le soleil de la
liberté fécondait nos sillons, que la victoire nourrissait nos armées, sa politique
indigente a affecté de céder aux principes et de faire grace à ce qui restait
de neutralité dans l'Europe.

Mais de quoi sert-il aujourd'hui de vous rappeller les excès d'un gouvernement qui ne vous a circonvenu de tous ses vices que pour vous détourner de tous ses crimes? N'est-elle pas entièrement à nnd la scandaleuse influence du ministère et du thrône? Jamais l'opposition à-t-elle été dans une minorité plus impuissante : jamais la voix des vrais amis de leur pays à-t-elle été plus méthodiquement étouffée? Qu'est devenu ce triple équilibre des pouvoirs, ce chef-d'œuvre de la politique et de la liberté? Un seul pouvoir n'est-il pas au moment d'absorber tous les autres? La liste civile n'est-elle pas la nomenclature des courtisans et le comptoir des séductions. Oui, c'est pour étendre chez vous la servitude qu'on a tourmenté chez nous la liberté. Rendons, ont-ils dit, quelques républicains odieux et criminels et nous ferons exécrer leur république. Peuple aveugle, laisse-là les français cannibales et sacrilèges ; laisse-là l'audace du crime et la lâcheté de la patience. La gloire de nos soldats expiera les forfaits de nos brigands ; comme notre bonheur expiera notre honte. La liberté si chèrement acquise se conserve en s'épurant. Il en coûterait trop pour redevenir esclaves et redevenir encore libres. Mais, vous, pourquoi épuise-t-on votre sang et vos trésors? Est-ce pour l'accroissement de votre commerce et de votre industrie? Est-ce pour la gloire du nom anglais, pour reconquérir des possessions perdues? Non, votre commerce et vos manufactures refleuriraient par la paix. Le nom anglais serait encore honoré par une paix honorable : peut-être quelques possessions nouvelles seraient ajoutées à vos domaines. Mais cet étranger que vous avez appellé de son Allemagne, comme si vous n'aviez pû trouver parmi vous un homme à couronner; voyez où vous conduit son ambition exotique. Electeur de Hanovre, il craignait les invasions de la Prusse; roi d'Angleterre, il s'attacha à la Russie dont les intérêts sont rivaux des vôtres et garantit par-là ses possessions germaniques. Vous possédiez le commerce de la Pologne : il

donne la Pologne consommatrice à la
Russie et la Pologne commerçante à la
Prusse. Anglais, il livre votre navigation
mercantile à notre commerce devenu
presque uniquement militaire : hano-
vrien, il vous donne à loyer ses soldats
électoraux. Humilié comme roi, il grossit
son pécule à vos dépens comme recru-
teur. Qu'un roi haïsse un autre roi plus
despote ou plus heureux que lui, que
François Ier. jette le gand à Charles-
Quint, on ne voit là que deux hommes ;
mais que des nations entières se dévouent
à la haine, se vendent à la passion d'un
seul, que la déclaration des droits de
l'homme ait été le signal du carnage et de
la désolation en Europe ; non, il n'est
plus que le bonheur du genre humain
qui puisse consoler de tout ce qu'il en
aura coûté pour l'obtenir. Etait-ce donc
à nous de vous apprendre ce que les
annales du monde ont attesté tant de
fois, que jamais, presque jamais, un
roi ne vit dans le courage des peuples
que ses défenseurs, dans leur silence ses
esclaves, dans la religion leur crédulité,

dans

dans l'agriculture ses besoins, dans l'industrie son luxe, dans le commerce ses
impôts, dans la justice son nom, dans
les monnoies son image et dans la
gloire elle - même qu'une séduction de
plus qui le dispensait de la prudence.

Anglais, abjurez enfin tant de maux :
renoncez à des illusions qui ne trompent
plus que vous-mêmes. Qu'est-ce que la
politique sans morale, la richesse sans
bonheur, la puissance sans gloire, l'a-
gitation sans liberté ? Ce n'est qu'aux
peuples heureux qu'il est permis d'être
crédules : il n'est plus permis à aucun
d'être injuste. Sans doute nous n'avons
pas vaincu les rois pour devenir tyrans
des peuples. La république française ne
veut pas disposer avec eux de ses victoires en commandant à leur pensée.
Qu'ils abusent de la facilité d'être esclaves, qu'ils exercent le droit d'être
libres, qu'ils se prodiguent à des maîtres
ou s'honorent par des lois, nous ne de-
vons plus à l'humanité que notre respect
et nos exemples. Mais dans ces grandes
combinaisons qui vont classer de nou-

veaux intérêts, nous saurons du moins assurer notre tranquillité et le, repos de la France ne seras jamais indifférent à l'Europe. Nous n'aurons plus à souffrir de votre orgueil, mais nous n'envierons point votre bonheur. Rivaux d'une autre gloire, nous jouirons des travaux de nos voisins que nous enrichirons par les nôtres. Nous savons qu'un état riche cesserait bientôt de l'être s'il n'était environné que d'états indigens et misérables : nous savons que le commerce n'est que le résultat des autres arts, que fertiliser la terre c'est élever des atteliers, qu'établir des manufactures, c'est appeller des vaisseaux, créer des commerçans. On a dit que la pauvreté des nations était une sauve-garde contre leurs vices. Nous prouverons que la richesse n'exclut pas les vertus et que le gouvernement républicain les fait naître. La France est constituée par la nature, créancière éternelle de l'Europe : au lieu de lutter contre sa destinée, c'est en rendant votre tribut plus utile pour elle qu'il sera plus léger pour vous. Centu-

plons , s'il se peut, nos échanges : ne
communiquons plus avec l'univers que,
pour en être aimés. Vous avez de grands
revers et de grands torts à réparer; et nous
aussi nous réparerons les succès de la
guerre ; mais lorsque la liberté, indulgente plutôt que satisfaite, aura signé la
paix, songez que la république française
est là qui vous regarde : estimez les français : fiez - vous à leur franchise ; sou-
venez-vous de leur vengeance.

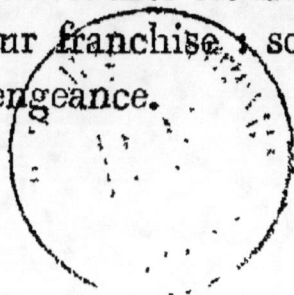

www.ingramcontent.com/pod-product-compliance
Lightning Source LLC
La Vergne TN
LVHW022029080426
835513LV00009B/931